郵 便 は が き

113-8790

473

料金受取人払郵便

本郷局承認

3935

差出有効期間
2022年1月31日
まで

（切手を貼らずに
お出しください）

（受取人）

東京都文京区本郷2-27-16 2F

大月書店　行

‖l‖·Il·l‖'‖‖l‖‖···l'l‖l'l'l'l'l'l'l'l'l'l'l‖

注文書

裏面に住所・氏名・電話番号を記入の上、このハガキを小社刊行物の注文に
利用ください。指定の書店にすぐにお送りします。指定がない場合はブックサー
ビスで直送いたします。その場合は書籍代税込2500円未満は800円、税込
2500円以上は300円の送料を書籍代とともに宅配時にお支払いください。

書　名	ご注文冊数
	冊
	冊
	冊
	冊
	冊

指定書店名 （地名・支店名などもご記入下さい）	

ご購読ありがとうございました。今後の出版企画の参考にさせていただきますので、下記アンケートへのご協力をお願いします。

▼※下の欄の太線で囲まれた部分は必ずご記入くださるようお願いします。

● **購入された本のタイトル**

フリガナ お名前	年齢 歳
電話番号（　　　　　）　　―	ご職業
ご住所 〒	

● どちらで購入されましたか。

市町
村区　　　　　　　　　　　　　　　　　書 店

● ご購入になられたきっかけ、この本をお読みになった感想、また大月書店の出版物に対するご意見・ご要望などをお聞かせください。

● どのようなジャンルやテーマに興味をお持ちですか。

● よくお読みになる雑誌・新聞などをお教えください。

● 今後、ご希望の方には、小社の図書目録および随時に新刊案内をお送りします。ご希望の方は、下の□に✓をご記入ください。

　□ 大月書店からの出版案内を受け取ることを希望します。

● メールマガジン配信希望の方は、大月書店ホームページよりご登録ください。（登録・配信は無料です）

いただいたご感想は、お名前・ご住所をのぞいて一部紹介させていただく場合があります。他の目的で使用することはございません。このハガキは当社が責任を持って廃棄いたします。ご協力ありがとうございました。

くらす、はたらく、経済のはなし

文・山田博文
絵・赤池佳江子

5 経済の主人公はあなたです

1
生まれたときからはじまる、消費という経済活動

　わたしたちは、だれもがみな、「ゆりかごから墓場まで」、「消費」という経済活動をつづけます。わたしたちは生き物であり、衣食住がなければ生きていけないからです。食料を買う、衣服や家具・家電などの生活用品を買う、住宅を買う、旅行に行く、学費を払う、これらはすべて消費という経済活動です。

　どの時代でも、消費は「生産」とならぶ経済活動の基本です。あなたもわたしも、一生、衣食住の消費という経済活動を担いつづけます。

　衣食住を消費するためにお金を払うと、そのお金は衣服をつくる企業、食品をつくる企業、住宅をつくる企業などにまわっていき、それらの企業の生産という経済活動を支えます。企業だけでなく、工場や作業場ではたらき、商品を生産している人びとにも、わたしたちが支払ったお金がまわっていきます。

　消費という経済活動は、生産という経済活動と結びつき、人類の誕生から現在、そして未来へとつづいていきます。

私たちは、
生まれてから
死ぬまで、

ずっと
消費者です。

2 社会に出ると、
生産という経済活動を担う

　わたしたちは、学校を卒業し、社会に出ると、みんなが必要とする物やサービスをつくる生産という経済活動に参加します。企業を退職したり、はたらくことをやめるまで、「生産」という経済活動を担います。

　企業などの組織そのものが経済の担い手や主人公なのではありません。企業のオフィス・工場・機械設備などは、物やサービスを生産するときに使う「生産手段」です。ロボットやAI（人工知能）が導入されても、それはたんなる道具にすぎません。わたしたちは労働者としてオフィスや工場ではたらき、原材料や資源を加工し、さまざまな物やサービスを生産します。また、それを消費するのもわたしたちです。

　わたしたちは生きているかぎり、消費と生産という経済の基本の担い手であり、経済の主人公なのです。

　でも、経済の主人公であるはずのあなたは、「経済はわからない」、「むずかしそう」と、思いこんでいませんか？

はたらくこと、
そのものが

経済活動
です。

5

3 そもそも経済とは、「家族のくらし」のこと

　そもそも経済とは、なにを意味しているのでしょうか？

　経済は、英語では「economy（エコノミー）」といいますが、これをくわしくみると、eco-〔家の〕、-nomy（管理）という意味になります。つまり、経済（economy）とは、家族がくらしていけるように家を管理する「家計」のことです。日常生活や家族のくらしが経済の本来の意味なのです。

　くらしを支える物やサービスの生産体制は、人類の長い歴史のなかで、いくつかの時代に区分することができます。原始共同体（狩猟生活が営まれ、すべてが共同の財産とされていた時代）、古代奴隷制（古代ローマ帝国など、生産の担い手が奴隷として売買された時代）、封建制（王様、皇帝、将軍などの君主が国民を支配していた時代）、資本主義（多くの人びとが、資本家の利益のためにはたらく時代＝現代）、社会主義（貧富の差をなくし、より平等な社会をめざす思想）などです。

　人類の歴史は、富の独り占めから、より多くの人びとに富が分配されていく歴史でした。経済の発展とは、人びとのくらしがより豊かになっていくことなのです。

原始共同体
（げんしきょうどうたい）

奴隷制社会
（どれいせい）

封建制社会
（ほうけんせい）

資本主義社会
（しほんしゅぎ）

社会体制は経済の発展に
ともなって、変化してきました。
（はってん）

4 くらしに必要なお金は、いくら？

　経済の担い手であり、主人公であるわたしたちは、ひとりでくらすか、あるいは何人かの家族でくらしています。衣食住・交通通信・教育・医療・教養・娯楽など、くらしに必要な物やサービスのほとんどは、商品として売られています。それらは、すべてお金を出して買わなければ手に入りません。そのほかに、税金や社会保険の支払いもあります。

　3人家族の1ヶ月あたりの生活費（2018年の全国平均）は、ほぼ42万円です。この42万円の生活費のうち、税金に5万円、年金や健康保険などの社会保険の支払いに6万円、計11万円かかります。生活費の4分の1が、税金や社会保険料の支払いでなくなってしまいます。

　残りの31万円が家族のくらしを支える消費にまわされます。食料に8万円、住居関連に3万円、電気・水道などの光熱費に2万円、交通通信費に5万円、教育・教養・娯楽に5万円、理美容・身の回り品・交際費に5万円、その他に3万円というお金の使い方をしています。

　あなたの家族はどんなお金の使い方をしていますか？

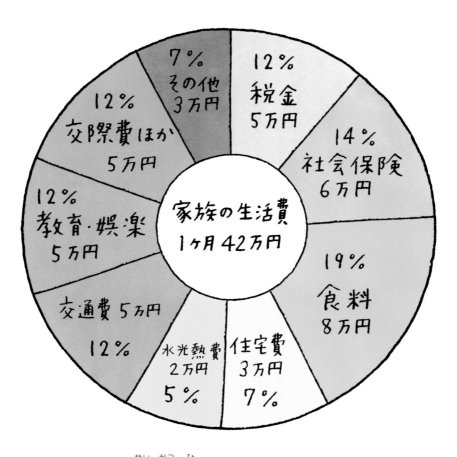

7％
その他
3万円

12％
税金
5万円

12％
交際費ほか
5万円

14％
社会保険
6万円

12％
教育・娯楽
5万円

家族の生活費
1ヶ月 42万円

交通費 5万円
12％

19％
食料
8万円

水光熱費
2万円
5％

住宅費
3万円
7％

生活費の4分の1が
税金や社会保険料の支払いで
なくなります。

5

くらしに必要なお金は、どこから？

　家族の1ヶ月の生活費の42万円というお金は、どこからきているのでしょうか？　多くの家庭では、父母などの保護者が企業ではたらくことによって給料をもらい、そのお金を生活費にしています。父母や兄姉たちが毎朝出社して、夜遅く帰宅するのは、家族の生活費をかせぐために企業ではたらいているからです。こうして、はたらいて得るお金のことを「勤労収入」といいます。

　勤労収入以外にも、退職したあとで高齢者が受け取る年金も生活費にまわされます。一部の裕福な家族では、アパートやマンション経営による家賃収入、預貯金や株式などの利子や配当金、企業経営による事業収入などがあります。

　でも、ほとんどの家族は、生活に必要なお金を、企業に勤め、はたらくことによって得る給料でまかなっています。給料が安いと、生活が苦しくなります。企業は労働者とその家族が生活していける給料を払わなければなりません。政府には、企業が法律を守って経営されているか、きちんと給料を支払っているか、ひどい労働環境で労働者の健康やくらしを害していないか、などをとりしまる義務があります。

はたらいて、
給料(きゅうりょう)として
お金(生活費(せいかつひ))を
もらっています。

6 長い労働時間は、生活時間をうばい、健康を害す

　労働者は生活費をかせぐために企業ではたらきますが、労働時間が長くなれば、それだけ自由な時間や家族と過ごせる時間は短くなります。機械やコンピュータなど科学技術の発展は、本来、労働時間を短くするはずですが、そうなっていません。より多くの利益をもとめる企業は、仕事が効率的にすすむようになると、その分社員を減らし、支払う給料全体（企業にとっては人件費）を減らそうとするからです。結局、減った人数で、いままでと同じ量の仕事をすることになり、労働時間は短くなりません。

　労働時間とは企業がはたらく人を管理する時間です。そのあいだ労働者は、企業の規則や方針に従わなければなりません。やりたくない仕事もしなければなりません。労働時間が長くなると、それだけ体力を使うし、ストレスもたまります。

　日本は労働時間の長い国として有名です。長時間労働は健康を害し、ひどい場合には「過労死」することもあります。ヨーロッパには、日本よりずっと経済規模は小さいのに、労働時間を短く制限し、豊かでゆとりのあるくらしを実現している国がたくさんあります。

はたらいて、
給料(きゅうりょう)として
お金(生活費(せいかつひ))を
もらっています。

6

長い労働時間は、
生活時間をうばい、健康を害す

　労働者は生活費をかせぐために企業ではたらきますが、労働時間が長くなれば、それだけ自由な時間や家族と過ごせる時間は短くなります。機械やコンピュータなど科学技術の発展は、本来、労働時間を短くするはずですが、そうなっていません。より多くの利益をもとめる企業は、仕事が効率的にすすむようになると、その分社員を減らし、支払う給料全体（企業にとっては人件費）を減らそうとするからです。結局、減った人数で、いままでと同じ量の仕事をすることになり、労働時間は短くなりません。

　労働時間とは企業がはたらく人を管理する時間です。そのあいだ労働者は、企業の規則や方針に従わなければなりません。やりたくない仕事もしなければなりません。労働時間が長くなると、それだけ体力を使うし、ストレスもたまります。

　日本は労働時間の長い国として有名です。長時間労働は健康を害し、ひどい場合には「過労死」することもあります。ヨーロッパには、日本よりずっと経済規模は小さいのに、労働時間を短く制限し、豊かでゆとりのあるくらしを実現している国がたくさんあります。

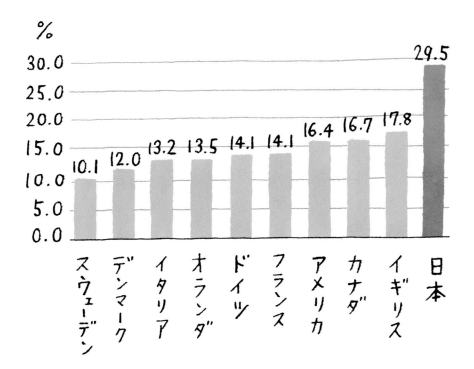

週49時間以上の
長時間労働者の割合

(OECD・2015年)

経済社会は、
つながっている

　家族が生活するには、生活費が必要です。そのために人びとは企業ではたらいて給料を受け取っています。日本の人口のほぼ半数にあたる約6000万人が、このようなはたらく人たちです。

　労働時間が長かったり、もらえる給料が少なかったり、はたらく現場が不衛生で危険だと、6000万人の人たちは不幸になります。自分だけでなく、家族にもさまざまな問題がふりかかってきます。

　くらしに余裕がなくなり、となり近所や地域とのつながりが薄れていき、社会から孤立してしまいがちです。そのうえ、この国の主権者として、社会の問題に向き合い、それを解決しようとする意識や時間がもてなくなってしまいます。

　一人ひとりの個性が大切にされ、自由で、健康で、文化的な生活ができる豊かでゆとりある社会にするためには、十分な給料を受け取り、労働時間を減らし、生活時間を増やすことが欠かせません。はたらくことと、個人・家族・地域・社会のあり方は、みんなつながっています。

日本の人口の半分、
約6000万人の人が
はたらいて
給料をもらって
生活しています。

はたらく人の幸福＝幸福な社会

8 豊かな暮らしと、教養・娯楽・スポーツ

　衣食住を生産し、それを消費することによって生命が維持されますが、それだけで十分とはいえません。経済が発達してくると、物やサービスの生産のあり方はとても複雑になり、高い技能や知識が必要になってきて、多くの人たちが高等教育を受けるようになります。

　人類はほかの動物とちがって、生産に関係した活動だけでなく、絵画、音楽、演劇などの芸術や学問、あるいはスポーツや娯楽を開花させてきました。たんに生きていけるだけでなく、より豊かに、より快適に、楽しくくらせる社会をつくりあげてきたのです。

　そのために、学校や病院、福祉関係の施設、コンサートホールや劇場などの文化施設、サッカー場や野球場や陸上競技場などのスポーツ施設、キャンプ場などの野外施設が整備されました。さまざまな施設がつくられ、たくさんの人びとがそれを利用し、教養や娯楽、スポーツのための消費活動が拡大しました。こうして暮らしが豊かになってきました。

16

経済の発展は、衣食住だけでなく、教育、文化、スポーツなどを豊かにします。

わたしたちの消費生活が、経済の王様

　わたしたちは、さまざまな物やサービスを消費して生活しています。一人ひとりの消費量は少ないですが、国民全体となると、国の経済規模の半分以上を占め、経済活動の最大の担い手です。

　国民の消費支出（民間最終消費支出）が国の経済規模（国内総支出）に占める割合（右の図）を見ると、アメリカ66.5％、イギリス62.9％、日本54.2％、フランス53.2％、ドイツ51.5％です。どの国も、国民の消費支出が経済規模の半分以上を占めています。

　そのほかに、企業・政府・個人は、建物や施設などをつくる経済活動（国内総固定資本形成）をしています。また、政府は、行政サービスのために予算を組んで消費（政府最終消費支出）をしています。でも、経済活動は日本経済の24％しかなく、政府消費支出も20％にすぎません。

　わたしたちの日々の消費生活こそが、経済の最大の担い手であり、経済活動の王様なのです。企業でもなく、政府でもなく、わたしたち一人ひとりが経済の主人公です。

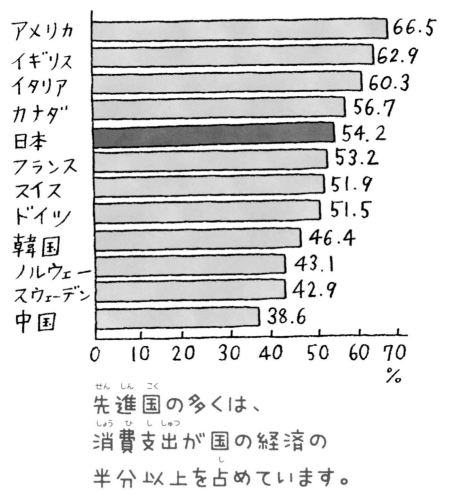

アメリカ 66.5
イギリス 62.9
イタリア 60.3
カナダ 56.7
日本 54.2
フランス 53.2
スイス 51.9
ドイツ 51.5
韓国 46.4
ノルウェー 43.1
スウェーデン 42.9
中国 38.6

0 10 20 30 40 50 60 70
%

先進国（せんしんこく）の多くは、
消費支出（しょうひししゅつ）が国の経済の
半分以上（し）を占めています。

（対GDP比・OECD・2016年）

「健康で文化的な生活」は、国民の権利・政府の義務

　国のあり方を定めている日本国憲法は、「すべて国民は、健康で文化的な最低限度の生活を営む権利を有する」（第25条）、とわたしたちの「生存権」について定めています。さらに、「国は、すべての生活部面について、社会福祉、社会保障及び公衆衛生の向上及び増進に努めなければならない」と、「政府の義務」を定めています。

　日本の社会保障制度は、この憲法の定めにそって、つぎの４つの柱からできています。

①病気になったら医療費を補助する健康保険、定年退職のあとで受け取る年金（これらを社会保険という）

②生活にこまっている人たちに生活費や教育費を支給する「公的扶助」（生活保護や児童手当）

③子どもや高齢者・障害者など、社会生活を営むうえで困難な人びとを支援する「社会福祉」

④環境衛生や感染症の予防など、健康で安全な生活のための「公衆衛生」

　政府は、このような社会保障制度をしっかり守って、国民の「生存権」（憲法第25条）を保障する義務があります。

社会保険

医療保険
年金保険
雇用保険など

病気や災害、
失業に備える

社会福祉

児童福祉
身体障害者福祉
高齢者福祉

子どもへの保育や
障がい者など
を支援する

しゃかいほしょうせいど
社会保障制度は
はしら
4つの柱からなりたって
います。

公的扶助

生活保護

生活が苦しい人に
必要な保護を
行なう

公衆衛生

予防接種
感染者予防

国民が健康的な生活を
送るための健康
づくりを行なう

いのちと健康を危うくする、消費者問題

　わたしたちは、さまざまな商品があふれた社会で、くらしに必要なものを買い、消費している消費者です。

　でも、買った商品が安全なのかどうか、性能やしくみがどうなっているのか、などをすべて知ることはできません。それを知っているのは、その商品を製造した企業だけです。商品を設計し生産する企業・生産者と、商品を消費する消費者とでは、初めから商品についての知識と情報に差があります。

　企業は、自分の会社の製品をたくさん売ってもうけようとしますから、都合の悪い情報は隠したまま、テレビ・新聞・チラシ・インターネットなどで、広告や宣伝をくりかえします。わたしたち消費者は、こんな広告や宣伝を頼りにして商品を買っています。

　その結果、健康被害、欠陥住宅、危険な器具や製品、詐欺などの消費者問題に巻き込まれることも少なくありません。こうした被害を防ぐためには、消費者が自分の意思と判断で適切な商品を選び、買うことができる「消費者主権」を確立する必要があります。そのために国や地方自治体は、消費者の権利を保障する制度を充実させることが重要になります。

22

エステの
キャッチセールス

初回お試しの
サプリメント

ネットで注文した
商品が届かない

身に覚えのない
登録料などの
架空請求

おかしいと思ったら、
各地の消費生活
センターに

相談しよう。

「簡単に稼げます」
「返金保証で安心」
情報商品のトラブル

出会い系
サイトの
トラブル

友人からの
マルチ商法
の勧誘

仮想通貨に
関するトラブル

23

安全なくらしと消費者の権利

　わたしたち消費者は、命の危険や健康被害に悩まされてきた歴史のなかで、団体をつくって企業に抗議し、行政に対応を求める「消費者運動」を活発におこなってきました。消費者の権利が守られないと健康で文化的な生活はできません。世界各国の消費者運動は、消費者の権利を保障する法律を整備してきました。

　「消費者の権利」をはじめて定めたのはアメリカ（1968年）です。そこには消費者の4つの権利として、①安全を求める権利、②知らされる権利、③選択する権利、④意見を反映させる権利が定められ、その後の各国の消費者行政に大きな影響をあたえました。

　日本の消費者基本法（2004年）では、以下の6つの消費者の権利が定められました。①安全の確保、②選択の機会の確保、③必要な情報の提供、④消費者教育の機会の提供、⑤消費者の意見の反映、⑥消費者被害の救済、です。

　消費者の権利がしっかり守られることで、わたしたちが安心して生活できる社会が実現します。権利がしっかり守られるためには、それを保障するいろいろな制度が必要です。

消費者の6つの権利

① 安全が確保されること

② 合理的な選択ができること

③ 必要な情報を知ること

④ 消費者教育を受けられること

⑤ 意見が消費者政策に反映されること

⑥ 被害の救済が受けられること

13

消費者相談と消費者庁

　赤ちゃんに粉ミルクを飲ませたら病気になり、死んでしまう「森永ヒ素ミルク事件」がおきたのは、1955年のことでした。その後も、深刻な消費者問題が各地で起こり、1968年にはじめて「消費者保護基本法」が制定されました。やがて、消費者相談や情報提供をおこなう「消費生活センター」が、都道府県や市町村に設置されていきました。

　消費者を保護するための法律や制度も整備されるようになりました。買ってしまった商品でも、8日以内であれば返品できる「クーリング・オフ」制度、欠陥商品で被害を受けたときの企業の責任を定めた「製造物責任法（PL法）」、契約上のトラブルから消費者を守る「消費者契約法」、などです。

　2009年には、さまざまな省庁にわかれていた消費者行政をひとつにまとめ、ようやく日本にも消費者庁が設置されました。でも、欧米のすすんだ消費者行政からみると、まだまだ予算・スタッフ・権限・しくみなどが不十分です。わたしたち消費者は、安全なくらしを実現するために「消費者運動」をつづけていく必要があります。

消費者庁です。
私が消費者の安全を守ります。

14 ブラック企業と
過労死をなくそう

　違法な労働条件ではたらかせる「ブラック企業」が社会問題になっています。長時間・過重労働、安い給料、残業代を払わない、休みが取れない、パワハラやセクハラの横行、従業員の入れ替わりも激しい、などの問題をかかえる「ブラック企業」は、従業員を使いすてにして、もうけだけを追い求める企業です。そこではたらく従業員は、肉体的・精神的なストレスから、病気になったり「過労死」してしまいます。

　こんな「ブラック企業」をなくすには、政府や地方自治体が企業の違法行為を監視し、正していくしくみをもっと整備すること、従業員が労働組合やNPO（非営利組織）と連絡を取り社会的に支援してもらうこと、労働法を学ぶ機会を増やし、労働者の権利をふまえた、労働者と経営者の正常な関係を実現すること、などの取り組みがもとめられます。

　1日の3分の1以上の時間を過ごす労働現場で違法行為がくり返されたのでは、「健康で文化的な最低限度の生活」はできません。国民が快適にはたらけるような企業社会にすることは、「政府の義務」であり、また主権者も自主的に努力する必要があります。

ブラック企業、
こんな会社はなくしましょう。

くらしの場である地域社会を発展させる

　わたしたちはいろいろな伝統と文化をもち、自然環境もちがう一定の地域でくらしています。でも、企業利益と経済成長が優先されてきたため、地域の外から重化学工業などを誘致する「外来型地域開発」がすすめられ、開発に適さない地域は取り残され、衰退し、くらしや人間らしさが失われてきました。その結果、人・物・お金が首都圏に一極集中し、開発に取り残された地域や人びとの貧困や社会問題が深刻になっています。

　もう経済成長優先の「外来型地域開発」をやめ、全国の市町村の個性や地域の特性をひきだし、開花させ、地域社会を発展させることが必要です。そうしないと、日本はますます衰退し、くらしにくい国になってしまいます。

　豊かでゆとりのあるくらしとは、人間的な成長と人びとの個性が尊重され、開花していくくらしです。そのようなくらしの場となる身近な地域社会が、経済成長優先のものさしで切り刻まれていったのでは、人間的な成長や個性は押しつぶされてしまいます。いろいろな地域の個性と多様性を生かす取り組みが求められています。

地域の個性と多様性が
生かされた社会を。

16

ゴミを減らす、再利用する、再生する（３Ｒ）

　戦後、経済成長を最優先した大量生産—大量消費—大量廃棄の一方通行型社会は、資源の浪費と損失、公害や環境破壊をもたらし、わたしたちの生命と生活を危うくしました。

　循環型社会基本法（2000年）には、省資源・省エネルギー、健康で文化的な生活を実現するために、国と地方自治体、企業、国民のそれぞれの責任と役割、３Ｒ活動などが定められました。

　使用済みになった物がごみにならないよう製造段階から工夫すること（リデュース・Reduce）、使用済みになった物でもまだ使えるのなら再利用すること（リユース・Reuse）、再利用できない物は再生資源としてつくり変えること（リサイクル・Recycle）、といった３Ｒ活動にくわえて、ごみを燃やして処分するときには、そのときの熱をエネルギーとして利用する、廃棄物は環境が破壊されないように適正に処分する、などが定められました。

　このような環境をまもる活動は、目の前の利益ばかりを追求する現代経済では軽視されがちになりますから、政府とわたしたちの意識的な取り組みが欠かせません。

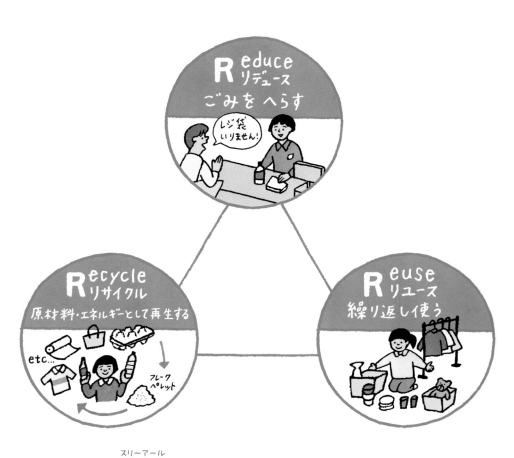

スリーアール
３Ｒって、知っていますか？

持続可能な経済社会を
めざす（SDGs）

　世界各国でこのまま経済活動と開発がつづくと、地球環境はさらに悪くなり、地球はわたしたちが住めない星になってしまいます。国連に加盟する193か国は、2015年9月の国連サミットで、2016年〜2030年の15年間で達成しなければいけない「持続可能な開発目標（略称 SDGs：Sustainable Development Goals）」をかかげました。

　そこに示された17の目標とは、「貧困をなくす」、「飢餓をゼロに」、「すべての人の健康と福祉」、「質の高い教育」、「男女平等」、「安全な水とトイレ」、「クリーンなエネルギー」、「持続可能な経済成長」、「技術革新」、「人と国の不平等をなくす」、「住み続けられるまちづくり」、「つくる責任とつかう責任」、「気候変動対策」、「海の豊かさを守る」、「陸の豊かさを守る」、「すべての人に平和と公正」、「パートナーシップで目標を達成しよう」、でした。

　「地球は自分の家」であり、自分の家族と同じように、ほかの国の人びとに接することが自分と家族の未来を保障することになる。わたしたちは、そういう時代に生きているのです。

SUSTAINABLE DEVELOPMENT G⚪ALS

1 貧困を
なくそう

2 飢餓を
ゼロに

3 すべての人に
健康と福祉を

4 質の高い教育を
みんなに

5 ジェンダー平等を
実現しよう

6 安全な水とトイレ
を世界中に

7 エネルギーをみんなに
そしてクリーンに

8 働きがいも
経済成長も

9 産業と技術革新の
基盤をつくろう

10 人や国の不平等
をなくそう

11 住み続けられる
まちづくりを

12 つくる責任
つかう責任

13 気候変動に
具体的な対策を

14 海の豊かさを
守ろう

15 陸の豊かさも
守ろう

16 平和と公正を
すべての人に

17 パートナーシップで
目標を達成しよう

SDGs、17の目標。
エス ディー ジー ズ　　　　　もく ひょう

18 地球の未来のために
必要なお金

多国籍企業のグローバルな経済活動は、地球温暖化、感染症、気候変動、貧困・格差の拡大など、地球規模の問題を深刻化させています。このような大問題を解決するには巨額のお金がかかります。

国連貿易開発会議（UNCTAD）によれば、必要とされるお金は2015〜30年の間で約282兆円に達します。でも、多国籍企業利潤税、投資税、金融取引税、炭素排出税、富裕税、タックス・ヘイブンに隠された資産課税などのグローバル・タックス（国境を越えた地球規模の課税）によって、約275兆円の新たな税収が生まれます。

人類が直面する地球規模の問題解決は、お金の面ではグローバル・タックスによって可能です。問題は、国境を越えた革新的なグローバル・タックスを実現できるかどうかにかかっています。そのためには、各国が地球の未来に向かってお互いに協力しなければなりません。

わたしたちも、日本国内の問題だけでなく、地球サイズでものごとを考え、行動していきましょう。

地球サイズで
ものごとを考え、行動しよう。

主権者として社会の
あり方を決める

　わたしたちは、毎日忙しく、目の前のこまごまとしたことに追われて、テレビや新聞で知る社会や世界の大切なできごとを、人ごとのように思ってしまいがちです。

　でも、よく考えてみると、若くして過労死するきびしい労働現場は、将来のあなたの職場のことかも知れません。目に見えず、匂いもしない原発事故の放射能の危険は、風に乗ってわたしたちに降りかかっているのかも知れません。

　考えてみて下さい。過労死の危険も、放射能の危険も、未然に防ぐことができます。それは、企業の非人間的な労働環境を改善し、原発にたよらず、再生可能な自然エネルギーに転換する法律を制定し、その法律に沿うよう社会のあり方を変えることです。そんな法律をつくるには、選挙になったら必ず投票し、わたしたちの願いを実行する議員をたくさん当選させ、企業や経済の利益よりも、くらしや人権や環境や平和のことを大切にする議会にすることです。

　むずかしいことではありません。選挙のときに、投票することです。たった1票ですが、その1票には社会を変える力があります。未来はあなたたちのものなのです。

あなたの1票が
社会を変える

文　山田博文 （やまだ・ひろふみ）

群馬大学名誉教授、商学博士。主な著書『これならわかる
金融経済』『99％のための経済学入門』『国債がわかる本』
（大月書店）、『サスティナブル社会とアメニティ』（共著・日
本経済評論社）、ほか多数。
Mail : yamachan@gunma-u.ac.jp
Home : http://econ-yamada.edu.gunma-u.ac.jp/

絵　赤池佳江子 （あかいけ・かえこ）

石川県金沢市生まれ。金沢美術工芸大学卒業。絵本に『そ
だててあそぼう ビワの絵本』、『イチからつくる あめの絵本』
（農文協）がある。
www.akaikekaeko.com

くらす、はたらく、
経済のはなし
⑤ 経済の主人公はあなたです

2020年2月15日　第1刷発行

文　　　山田博文
絵　　　赤池佳江子
発行者　中川　進
発行所　株式会社 大月書店
　　　　〒113-0033 東京都文京区本郷 2-27-16
　　　　電話（代表）03-3813-4651　FAX 03-3813-4656
　　　　振替 00130-7-16387
　　　　http://www.otsukishoten.co.jp/

デザイン　なかねひかり
　印刷　　光陽メディア
　製本　　ブロケード

くらす、はたらく、経済のはなし

文・山田博文　絵・赤池佳江子